Cocina a Fuego Lento para Principiantes

Recetas Sencillas para Sabores Intensos y Platos Reconfortantes

Javier Martínez

resumen

delicioso pollo 23

INGREDIENTES 23

PREPARACIÓN 23

Pollo cremoso con brócoli de Beverly 24

INGREDIENTES 24

PREPARACIÓN 24

Pollo Criollo Crockpot Saludable de Beverly 25

INGREDIENTES 25

PREPARACIÓN 26

arroz integral y pollo 27

INGREDIENTES 27

PREPARACIÓN 28

Pechugas de pollo rellenas de queso 29

INGREDIENTES 29

PREPARACIÓN 30

Alcachofa Pollo Con Queso Con Macarrones 31

INGREDIENTES 31

PREPARACIÓN 32

Relleno de pollo, manzanas y pecanas 33

PREPARACIÓN 33

Tarta De Pollo Y Alcachofas 35

PREPARACIÓN 35

Pollo Y Espárragos En Salsa De Cebolla 37

PREPARACIÓN 37

Cazuela de pollo y brócoli 39

PREPARACIÓN 40

Empanadillas con pollo y harina de maíz 41

INGREDIENTES 41

PREPARACIÓN 42

Salsa De Pollo Y Vegetales 43

INGREDIENTES 43

PREPARACIÓN 44

pollo real 45

INGREDIENTES 45

PREPARACIÓN 46

Pollo y frijoles negros 47

PREPARACIÓN 48

Salsa de pollo y queso cheddar 49

INGREDIENTES 49

PREPARACIÓN 49

Sopa de pollo y maíz 50

INGREDIENTES 50

PREPARACIÓN 51

Pollo y especias, olla de cocción lenta 52

PREPARACIÓN 52

Curry Con Pollo Y Cebolla 53

INGREDIENTES 53

PREPARACIÓN 54

pollo y aceitunas 55

INGREDIENTES 55

PREPARACIÓN 56

pollo y salchicha 57

INGREDIENTES 57

PREPARACIÓN 57

Pollo y Gambas 59

INGREDIENTES 59

PREPARACIÓN 59

pollo y relleno 61

PREPARACIÓN 61

Pechugas de pollo en salsa criolla criolla 63

PREPARACIÓN 63

burritos de pollo 65

PREPARACIÓN 66

pollo Cacciatore 67

INGREDIENTES 67

PREPARACIÓN 68

Cassoulet De Pollo Con Judías Azules 69

INGREDIENTES 69

PREPARACIÓN 70

Pollo al Chile con Maíz Maíz 71

INGREDIENTES 71

PREPARACIÓN 71

chow mein de pollo 73

INGREDIENTES 73

PREPARACIÓN 74

delicia de pollo 75

PREPARACIÓN 75

Sofá de pollo con brócoli y pasta 77

INGREDIENTES 77

PREPARACIÓN 77

pollo a las vegas   79

INGREDIENTES 79

PREPARACIÓN 79

lasaña de pollo 80

INGREDIENTES 80

PREPARACIÓN 81

pollo marengo   82

INGREDIENTES 82

PREPARACIÓN 82

pollo parisino 83

INGREDIENTES 83

PREPARACIÓN 84

pollo a la parmesana 85

INGREDIENTES 85

PREPARACIÓN 86

ragú de pollo 87

INGREDIENTES 87

PREPARACIÓN 87

Cazuela de pollo Rubén 89

INGREDIENTES 89

PREPARACIÓN 90

Cazuela de arroz con pollo y judías verdes 91

INGREDIENTES 91

PREPARACIÓN 92

Muslos de pollo al estilo Tex-Mex 93

INGREDIENTES 93

PREPARACIÓN 93

Pollo con Alcachofas 94

INGREDIENTES 94

PREPARACIÓN 94

Pollo con Alcachofas 96

INGREDIENTES 96

PREPARACIÓN 97

Pollo con tocino y pasta 98

INGREDIENTES 98

PREPARACIÓN 98

Pollo Con Tocino Y Vino 100

INGREDIENTES 100

PREPARACIÓN 101

Pollo Con Galletas 102

INGREDIENTES 102

PREPARACIÓN 102

pollo con arándanos 104

INGREDIENTES 104

PREPARACIÓN 104

Pollo con Carne Seca   106

INGREDIENTES 106

PREPARACIÓN 106

Pollo Con Ajo Y Piña   108

INGREDIENTES 108

PREPARACIÓN 108

Crujiente de manzana de mamá   110

110

111

Quinoa Vegetariana Con Espinacas 113

113

114

Quinua fácil con verduras *116*

116

117

Tortilla de col con salchichas *119*

119

120

Deliciosa tortilla de fin de semana
121

121

122

¿Una delicia de desayuno vegetariano?
124

124

125

Tortilla con tocino rico en proteínas
127

127

128

Omelet con chile champiñones 129

129

130

Avena con plátano y pecanas 131

131

132

Harina de avena abundante con nueces 134

134

135

Pollo Teriyaki con Arroz Basmati 137

137

138

Pollo húmedo y tierno con cebolla caramelizada 139

139

140

Pollo al curry con almendras 142

142

¿Increíble pollo con leche? 144

144

Pavo picante con chucrut 146

146

Pechuga de pavo con arándanos 148

148

148

Pavo con salsa de cebolla y ajo 150

150

col de abuelita con carne de res 152

152

Delicioso stroganoff de ternera 154

154

Pechuga de res enlatada al estilo campestre   156

156

157

verduras al horno   158

158

159

Roast Beef con Tubérculos   160

160

Filete de ternera con salsa de champiñones   162

162

162

Cerdo jugoso con compota de manzana
164

164

164

jamón con piña *166*

166

167

Cerdo asado con arándanos y batatas
168

168

Salchichas con chucrut y cerveza
171

171

171

Filetes de cerdo en salsa de ciruelas
173

173

173

Cerdo Asado Picante Con Verduras
175

175

176

Costillas de cerdo en salsa de jengibre
178

178

Cerdo Asado A La Cerveza *180*

180

180

Sopa De Pollo Picante *182*

182

183

Sopa De Pollo Caliente Con Espinacas
185

185

Sopa De Camarones Con Aguacate
187

187

188

Mezcla de fiesta de curry   190

190

191

Nueces de soya sazonadas y semillas de calabaza 193

193

193

Mezcla de colores crujientes 195

195

196

Salsa para mojar al estilo indio   198

198

199

Salsa de alcachofa favorita   200

200

201

Salsa de espinacas y alcachofas 202

202

203

Salsa De Queso A La Pimienta *204*

204

Mezcla de cereales con frutos secos
206

206

207

Taquitos Crujientes con Pollo *209*

209

210

Cóctel para mamá *212*

212

213

Anacardos y nueces confitadas *214*

214

214

20

delicioso pollo

INGREDIENTES

- 6 a 8 pechugas de pollo deshuesadas congeladas
- 1 bolsa de salsa de espagueti italiana de marca francesa - mezcla salada
- 1 lata (14.5 onzas) de tomates cortados en cubitos
- 1 lata pequeña (8 onzas) de salsa de tomate
- Queso parmesano

PREPARACIÓN

1. Ponga el pollo en la olla. Espolvorea la mezcla de salsa de espagueti seca encima. Agregue una lata de tomates y una lata de salsa de tomate. Cocine todo el día [7 a 9 horas] en BAJO o 1/2 día [3 1/2 a 4 1/2 horas] en ALTO.

2. Sirva con penne y decore con queso parmesano.

3. Publicado por Beverly

Pollo cremoso con brócoli de Beverly

INGREDIENTES

- 1 lata (alrededor de 10 ½ onzas) de sopa de brócoli condensada
- pechugas de pollo deshuesadas (tanto como sea necesario) - Compro congelado 6-7 en bolsas - alrededor de 1 kg. 3 libras
- 1 bolsa (12-16 onzas) de brócoli congelado
- sal y pimienta
- 1 vaso de leche

PREPARACIÓN

1. Ponga los trozos de pollo en la olla. Cubrir con brócoli congelado y rociar con crema de brócoli. Añadir sal y pimienta al gusto.

2. Tape y cocine en BAJO durante 6 a 8 horas o en ALTO durante 3 a 4 horas. (Las pechugas de pollo deshuesadas pueden secarse si se cocinan por mucho tiempo). Agregue la leche unos 45 minutos antes de cocinar, o 30 minutos si cocina a fuego alto.

3. Servir con arroz!!! ¡Muy bien!

Pollo Criollo Crockpot Saludable de Beverly

INGREDIENTES

- 2 1/2 a 3 libras. muslos o pechugas de pollo, sin piel
- 1 taza de apio picado
- 1 pimiento rojo cortado en rodajas
- 1 pimiento verde cortado en rodajas
- 1 cebolla mediana, en rodajas
- 1 lata (4 onzas) de champiñones rebanados
- 1 lata (14.5 onzas) de tomates
- 1 cucharadita de ajo en polvo
- 3 paquetes de sustituto de azúcar
- 1 cucharadita de mezcla de especias criollas o cajún
- 1/2 cucharadita de pimentón molido
- Sal y pimienta para probar
- Salsa picante Luisiana o Tabasco al gusto
- 2 arroces cocidos calientes

PREPARACIÓN

1. Coloque el pollo en el fondo de la olla. Combine los ingredientes restantes excepto el arroz y agréguelos a la olla. Cocine en ALTO durante 4 o 5 horas o en BAJO durante 7-8 horas. Vierta la mezcla de pollo criollo sobre el arroz cocido caliente.

2. Sirviendo de 4 a 6.

arroz integral y pollo

INGREDIENTES

- *1 1/2 tazas de pollo cocido cortado en cubitos*
- *1/2 taza de cebolla picada*
- *2 tallos de apio, picados*
- *2c. arroz integral cocido*
- *1/4 seg. Vino blanco seco*
- *2c. Caldo de pollo*
- *1/2 taza de almendras en rodajas o en hojuelas*
- *almendras tostadas en rodajas o en copos • para decorar, opcional*

PREPARACIÓN

1. Combine todos los ingredientes en una olla de cocción lenta. Cocine a baja velocidad durante 6 a 8 horas o cocine automáticamente durante 4 a 5 horas. Adorne con almendras tostadas en rodajas si lo desea.

2. • Para tostar nueces, extiéndalas en una sola capa sobre una bandeja para horno. Tueste en el horno a 350°, revolviendo ocasionalmente, durante 10-15 minutos. O tueste en una sartén desengrasada a fuego medio, revolviendo hasta que estén doradas y aromáticas.

Pechugas de pollo rellenas de queso

INGREDIENTES

- 4 mitades de pechuga de pollo deshuesadas y sin piel, finamente ralladas
- 3 onzas de queso crema
- 3/4 taza de queso Cheddar o Monterey Jack rallado
- 4 onzas de chiles verdes
- 1/2 cucharadita de chile en polvo
- Sal y pimienta para probar
- 1 lata de sopa de champiñones
- 1/2 taza de salsa picante para enchiladas

PREPARACIÓN

1. Agregue queso crema, queso rallado, chile, chile en polvo, sal y pimienta. Coloque una cucharada generosa en cada pechuga de pollo aplanada, luego enrolle. Coloque los rollos de pollo en la olla/olla de cocción lenta, con la costura hacia abajo. Cubra los rollos de pechuga de pollo con las sobras de la masa de queso, la sopa y la salsa para enchiladas. Cubra y cocine a fuego BAJO durante 6-7 horas. Receta de Southernfood.about.com.

2. Sirve 4.

Alcachofa Pollo Con Queso Con Macarrones

INGREDIENTES

- Pechuga de pollo deshuesada de 1 a 1 1/2 libras, enjuagada, seca y cortada en cubitos, o use pechuga de pollo deshuesada en cubos
- 150 g de pimiento rojo asado picado
- 1 lata (15 onzas) de corazones de alcachofa, en cuartos
- 8 onzas de queso americano procesado
- 2 cucharaditas de salsa Worcestershire
- 1 lata (10 onzas) de crema de champiñones sin grasa al 98 % (u otra crema de... sopa)
- 2 tazas de queso cheddar rallado
- 4 tazas de pasta cocida caliente (8 a 10 onzas)
- sal y pimienta para probar

PREPARACIÓN

1. En una olla de 3 1/2 litros o más, combine el pollo, los pimientos, las alcachofas, el queso americano, la salsa Worcestershire y la sopa en una olla/olla de cocción lenta. Tape y cocine a fuego lento durante 6-8 horas. Unos 15 minutos antes de servir, agregue el queso Cheddar rallado y la pasta cocida caliente. Pruebe y agregue sal y pimienta según sea necesario.

Relleno de pollo, manzanas y pecanas

INGREDIENTES

- 4 a 6 pechugas de pollo deshuesadas y sin piel
- 3 cucharadas de mantequilla
- 1/2 taza de cebolla picada
- 1/2 taza de apio picado
- 1 taza de manzana picada (alrededor de 1 manzana)
- 1/3 taza de compota de manzana
- 1/4 taza de nueces picadas
- 1 caja de mezcla para relleno de vitrocerámica (6 onzas)
- 1/2 taza de agua
- 1 lata de caldo de pollo (saludable o bajo en grasas bajo pedido)

PREPARACIÓN

1. Lave las pechugas de pollo y séquelas; Coloque en una olla, derrita la mantequilla en una sartén a fuego medio y saltee la cebolla picada, el apio y la manzana. Agregue las nueces, el agua, el puré de manzana, la crema de caldo de pollo y el relleno. mezclar todo junto;

poner una cucharada sobre el pollo en la olla, tapar y cocinar a fuego lento durante 6-8 horas.

2. Sirve 4.

Tarta De Pollo Y Alcachofas

INGREDIENTES

- 3-4 libras de piezas de pollo
- sal y pimienta
- 1/2 cucharadita de pimentón
- 1 o 2 cucharadas de mantequilla
- 1 cucharadita de caldo de pollo granulado o equivalente, disuelto en 1/2 taza de agua caliente
- 3 cucharadas de vino blanco seco o jerez
- 1/2 cucharadita de estragón seco
- 1/4 de libra de champiñones rebanados
- 1 cucharada de harina de maíz mezclada con 1 cucharada de agua fría
- 1 lata (15 onzas) de corazones de alcachofa, escurridos

PREPARACIÓN

1. Lave el pollo y séquelo. Sazone con sal, pimienta y pimentón. En una sartén grande, dore el pollo en aproximadamente la mitad de la mantequilla. Transferir a la olla de cocción lenta. Vierta el caldo y el vino en la sartén. Revuelva para aflojar las piezas marrones. Vierta sobre el pollo y sazone con estragón. Tape y cocine a temperatura BAJA durante 6-8 horas. Justo antes de servir, saltee los champiñones en la mantequilla restante hasta que estén suaves y dorados. Enciende la olla de cocción lenta a temperatura alta.

2. Cuando la salsa esté caliente y hirviendo, agregue la mezcla de maicena y agua. Cocine hasta que espese. Agrega los champiñones fritos y los corazones de alcachofa; calentar y servir.

3. Sirve 4.

Pollo Y Espárragos En Salsa De Cebolla

INGREDIENTES

- 4 a 6 pechugas de pollo
- 1/2 taza de caldo de pollo
- 1 lata (10 1/2 onzas) de sopa de cebolla condensada
- 1/4 a 1/2 cucharadita de estragón, según sea necesario
- 1 cucharadita de aderezo de limón y hierbas
- Sal y pimienta para probar
- 1 manojo de espárragos o paquete de 10 oz congelado, descongelado

PREPARACIÓN

1. Combine todos los ingredientes excepto los espárragos; cubra y cocine a fuego lento durante 6-8 horas. Agregue los espárragos y cocine a fuego alto durante otros 20-30 minutos hasta que los espárragos estén tiernos. Espesar la salsa con una mezcla de 1 o 2 cucharadas de maicena y un poco de agua fría, si se desea. Servir con arroz o pasta.

2. *Sirviendo de 4 a 6.*

Cazuela de pollo y brócoli

INGREDIENTES

- 4c. pollo o pavo cortado en cubitos
- 1 lata (4 onzas) de champiñones en rodajas, escurridos o frescos
- 1 frasco (5 onzas) de castañas de agua en rodajas
- 1 paquete (10 a 12 onzas). brócoli picado congelado, alrededor de 1 1/2 a 2 tazas
- 1/2 taza de cebolla picada
- 1 taza de salsa (abajo)
- Pimienta
- .
- Salsa:
- 1/4 seg. manteca
- 1/4 seg. Harina
- 1/2 cucharadita. Sal
- 1/4 cucharadita. Pimienta
- 1c. Caldo de pollo
- 1/2 taza de leche condensada

- 2 cucharadas. cocinar con jerez

PREPARACIÓN

1. Coloque la mitad del pollo en una olla de cocción lenta o en una olla. Adorne con champiñones, castañas de agua, cebollas y brócoli. Pon el resto del pollo encima. Cubra con salsa (instrucciones a continuación). Espolvorear con pimentón. Cubra y cocine a fuego lento durante 4 a 6 horas o a fuego alto durante 2 a 3 horas hasta que el pollo esté completamente cocido.

2. Instrucciones para la salsa: Derrita la mantequilla en una cacerola mediana a fuego lento. Combine la harina, la sal y la pimienta.

3. Cocine a fuego lento, revolviendo hasta que esté suave y burbujeante. Retire del fuego. Agregue el caldo y la leche. Hacer hervir removiendo constantemente. Cocine y revuelva durante 1 minuto. Retire del fuego; verter vino. Para unas 2 tazas.

Empanadillas con pollo y harina de maíz

INGREDIENTES

- 2 tazas de papas cortadas en cubitos
- 1 1/2 tazas de caldo de pollo
- 1 lata (12 onzas) de V-8 o jugo de tomate (1 1/2 tazas)
- 1/2 taza de apio picado
- 1/2 taza de cebolla picada
- 1/2 cucharadita. Sal
- 1 cucharadita. Chile
- 4 o 6 gotas de salsa Tabasco
- 2 tazas de pollo cocido cortado en cubitos
- 1 1/2 a 2 tazas de judías verdes picadas congeladas, descongeladas
- 1 1/4 tazas de mezcla para galletas envasada
- 1/3 taza de harina de maíz amarillo
- 2 cucharadas. perejil fresco finamente picado o cebollino fresco picado
- 1 taza de queso cheddar rallado

• 2/3 taza de leche

PREPARACIÓN

1. En una olla de cocción lenta, combine las papas, el caldo de pollo, el jugo de vegetales, el apio, la cebolla, el chile en polvo, la sal y la salsa de chile. Tape y cocine a temperatura BAJA durante 4 horas. Encienda ALTO y caliente hasta que hierva; agregue las judías verdes descongeladas y el pollo cortado en cubitos. En un tazón, mezcle la mezcla para galletas, la maicena, 1/2 taza de queso rallado y el perejil o cebollín. Agregue la leche y revuelva hasta que esté húmedo. Mezcle con cucharas sobre el guiso; cubrir.

2. Cocine otras 2 horas y 30 minutos sin levantar la tapa. Espolvorea los ñoquis con el queso rallado restante 5 minutos antes de cocinar. Para 4 personas.

Salsa De Pollo Y Vegetales

INGREDIENTES

- 1 a 1 1/2 libras de nuggets de pollo, cortados en cubitos (o use pechugas de pollo deshuesadas)
- 2 cebollas medianas, picadas en trozos grandes
- 1 calabacín mediano (o 2 pequeños), cortado en cuartos y cortado en rebanadas de 1/2 pulgada
- 1 pimiento verde, picado en trozos grandes
- 2 o 3 dientes de ajo, picados o en rodajas finas
- 1 lata (28 onzas) de tomates triturados
- 1 lata (15 onzas) de tomates cortados en cubitos
- 1 paquete de salsa campestre mixta (o salsa mixta de pollo)
- 1/2 cucharadita de albahaca dulce seca
- 1 cucharadita de hojas de orégano seco

PREPARACIÓN

1. Combine todos los ingredientes en una olla/olla de cocción lenta (3 1/2 litros o más).

2. Tape y cocine a fuego lento durante 6-9 horas.

3. Sirva sobre pasta cocida caliente o como acompañamiento de lasaña.

4. Sirve como 6

pollo real

INGREDIENTES

- *3-4 tazas de pollo o pavo cocido, cortado en cubitos*
- *1/2 taza de pimiento verde, finamente picado*
- *1/4 taza de cebolla, finamente picada*
- *1/2 taza de apio, finamente picado*
- *1 frasco (2 onzas) de pimienta de Jamaica picada (o pimiento rojo picado)*
- *1 lata (4 onzas) de champiñones rebanados y escurridos*
- *2 latas (10 3/4 onzas) de crema de caldo condensada (o crema de champiñones)*
- *1 paquete. (10 onzas) de guisantes congelados, aproximadamente 1 1/2 taza*

PREPARACIÓN

1. Combine todos los ingredientes excepto los guisantes en una olla de cocción lenta. Revuelva suavemente para combinar.

2. Cubra y cocine a baja velocidad durante 5 a 7 horas. Levante alto y agregue los guisantes unos 45 minutos antes de servir.

3. Sirve 4.

Pollo y frijoles negros

INGREDIENTES

- *3-4 pechugas de pollo deshuesadas, cortadas en tiras*
- *1 lata (12 a 15 onzas) de maíz dulce, escurrido*
- *1 lata (15 onzas) de frijoles negros, enjuagados y escurridos*
- *2 cucharaditas de comino molido*
- *2 cucharaditas de chile en polvo*
- *1 cebolla cortada por la mitad y en rodajas finas*
- *1 pimiento verde, cortado en tiras*
- *1 lata (14.5 onzas) de tomates cortados en cubitos*
- *1 lata (6 onzas) de pasta de tomate*

PREPARACIÓN

1. Combine todos los ingredientes en una olla de cocción lenta. Tape y cocine a fuego lento durante 5-6 horas.

2. Adorne con queso rallado si lo desea. Sirva la fiesta de pollo y frijoles negros con tortillas de harina calientes o sobre arroz.

3. Sirve 4.

Salsa de pollo y queso cheddar

INGREDIENTES

- 2 libras de piezas de pollo sin piel
- 2 cucharadas de mantequilla
- 1/2 taza de tiras de jamón
- 10 3/4 onzas de sopa de queso cheddar condensada
- 1 tomate picado
- 1 taza de cebolla picada
- 1/4 cucharadita de albahaca dulce seca

PREPARACIÓN

1. Freír el pollo en mantequilla; transferir a la olla de cocción lenta. Dorar el jamón y ponerlo sobre el pollo. Combina los ingredientes restantes; vierta sobre el pollo y el jamón. Tape y cocine a fuego lento durante 7 a 9 horas hasta que el pollo esté tierno.

Sopa de pollo y maíz

INGREDIENTES

- 1 lata (10 3/4 onzas) de crema de patata

- 1 lata (10 3/4 onzas) de crema de caldo

- 1 taza de pollo cortado en cubitos o aproximadamente 2 latas (de 4 a 6 onzas cada una) de pollo desmenuzado

- 1 lata de maíz integral (12 a 15 onzas), escurrido

- 1 taza de caldo o caldo de pollo

- 1/4 taza de pimiento rojo picado o pimiento rojo asado

- 1 lata de guindilla verde fina molida

- 1/2 cucharadita de sal

- 1/8 de cucharadita de pimienta negra

- 1/4 de cucharadita de hojas de tomillo seco

- 1 vaso de leche

PREPARACIÓN

1. Combine sopas, pollo, maíz, caldo de pollo, pimientos y chiles, sal, pimienta y tomillo en una olla de barro de 4-6 litros.

2. Cubra y cocine a temperatura BAJA durante 4 a 5 horas.

3. Agregue la leche y cocine por unos 30 minutos más hasta que esté caliente.

4. Sirviendo de 4 a 6.

Pollo y especias, olla de cocción lenta

INGREDIENTES

- 1 bolsa de mezcla para relleno sazonada, de 14 a 16 oz
- 3-4 tazas de pollo cocido cortado en cubitos
- 3 latas de caldo de pollo
- 1/2 taza de leche
- 1 o 2 tazas de queso cheddar suave y rallado

PREPARACIÓN

1. Preparar el relleno según las instrucciones del paquete y colocarlo en una cazuela de barro de 5 litros. Agrega 2 latas de crema de pollo. En un tazón, mezcle el pollo cortado en cubitos, 1 lata de crema de pollo y la leche. Esparce el relleno en la olla de cocción lenta. Espolvorear queso encima. Tape y cocine a fuego lento durante 4-6 horas o a fuego alto durante 2-3 horas.

2. Sirve de 6 a 8.

Curry Con Pollo Y Cebolla

INGREDIENTES

- 1 cebolla mediana, en rodajas finas
- 3 dientes de ajo medianos, picados o prensados
- 1 cucharada de raíz de jengibre fresca, rallada
- 1 rama de canela
- 1/2 cucharadita de comino molido
- 1/2 cucharadita de hojuelas de pimiento rojo triturado
- 1 cucharadita de curry en polvo
- 1/2 cucharadita de cúrcuma en polvo
- una pizca de clavo
- 1/4 de cucharadita de cardamomo molido
- 3 1/2 libras de piezas de pollo sin piel
- 1/2 taza de caldo de pollo
- 2 cucharadas de harina de maíz mezclada con
- 2 cucharadas de agua fría
- Sal
- cilantro fresco picado para decorar

- *1/4 a 1/2 taza de cebollas verdes, tapas, rebanadas*

PREPARACIÓN

1. En una olla de cocción lenta mediana-grande, mezcle la cebolla, el ajo, la canela, el jengibre, el comino, las hojuelas de chile, la cúrcuma, los clavos de olor y el cardamomo, en rodajas finas.

2. Acomode los trozos de pollo sobre la mezcla de cebolla. Vierta el caldo sobre el pollo. Tape y cocine a fuego lento hasta que el pollo esté muy tierno y los jugos salgan al pincharlos, unas 6-7 horas.

3. Levante suavemente el pollo en el plato de servir caliente y manténgalo caliente.

4. Si es necesario, desengrase y elimine la grasa del líquido hirviendo; Retire y deseche la rama de canela.

5. Mezcle la maicena con agua fría; añadir al líquido de cocción.

6. Subir la calefacción del horno al máximo; tape y cocine, revolviendo 2 o 3 veces, hasta que la salsa espese.

7. Agregue sal al gusto y salsa para pollo.

8. Adorne con cilantro y cebollas verdes en rodajas.

pollo y aceitunas

INGREDIENTES

- *Piezas de pollo con un peso de 3 a 3,5 kg*
- *1 diente de ajo picado*
- *1 litro. Cebolla picada*
- *2 hojas de laurel*
- *3/4 seg. cerveza*
- *8 oz. salsa de tomate*
- *1/2 seg. aceitunas rellenas de pimienta de Jamaica*

PREPARACIÓN

1. Lave las piezas de pollo y séquelas; Condimentar con sal y pimienta. Combine todos los demás ingredientes excepto el pollo; mezclar bien. Agregue el pollo, revolviendo para cubrirlo bien, asegúrese de que todo el pollo esté cubierto. Tape y cocine a fuego lento durante 7-9 horas.

2. Sirviendo de 4 a 6.

1. Mezcle la sopa de cebolla, la sopa de crema espesa, la leche, el vino y el arroz. Maceta de barro con pam. Coloca las pechugas de pollo en una olla, decora con 1 cucharadita de mantequilla, vierte sobre la sopa y espolvorea con queso parmesano. Cocine a baja velocidad durante 8 a 10 horas o a alta potencia durante 4-6 horas.

2. Sirve 6.

pollo y salchicha

INGREDIENTES

- *3 zanahorias, cortadas en rodajas de 1/2 pulgada*
- *1/2 taza de cebolla picada*
- *1/2 taza de agua*
- *1 lata (6 onzas) de pasta de tomate*
- *1/2 taza de vino tinto seco*
- *1 cucharadita de ajo en polvo*
- *1/2 cucharadita de tomillo seco picado*
- *1/8 de cucharadita de clavo molido*
- *1 hoja de laurel*
- *2 latas (15 onzas) de frijoles encurtidos, escurridos*
- *4 mitades de pechuga de pollo deshuesadas y sin piel*
- *1/2 libra de salchicha polaca totalmente cocida u otra salchicha ahumada, cortada con un grosor de 1/4 de pulgada*

PREPARACIÓN

1. Hervir las zanahorias, las cebollas y el agua en una cacerola pequeña. Cocine tapado por 5 minutos. Verter en una cazuela de barro de 3 1/2 a 4 litros. Mezcle la pasta de tomate, el vino y las especias; agregar frijoles Coloque el pollo encima de la mezcla de frijoles. Pon la salchicha sobre el pollo. Cubrir. Cocine a fuego lento durante 6-8 horas o a fuego alto durante 3-4 horas. Retire las hojas de laurel y desengrase antes de servir.

2. Servir como guiso o con arroz cocido caliente.

3. 4 a 6 porciones.

Pollo y Gambas

INGREDIENTES

- *2 libras de pollo, muslos y pechugas deshuesados y sin piel, cortados en trozos*
- *2 cucharadas de aceite de oliva virgen extra*
- *1 taza de cebolla picada*
- *2 dientes de ajo picados*
- *1/4 taza de perejil picado*
- *1/2 taza de vino blanco*
- *1 lata grande (15 onzas) de salsa de tomate*
- *1 cucharadita de hojas de albahaca seca*
- *1 libra de camarones crudos, pelados y limpios*
- *sal y pimienta negra recién molida al gusto*
- *1 libra de fettuccine, linguini o espagueti*

PREPARACIÓN

1. Caliente el aceite de oliva en una sartén grande o sartén a fuego medio. Agregue los trozos de pollo y cocine, revolviendo, hasta que estén ligeramente dorados. Retire el pollo de la olla de cocción lenta.

2. Vierta un poco de aceite en la sartén y fría la cebolla, el ajo y el perejil durante aproximadamente 1 minuto. Retire del fuego y agregue el vino, la salsa de tomate y la albahaca seca. Vierta la mezcla sobre el pollo en la olla de cocción lenta.

3. Cubra y cocine a temperatura BAJA durante 4 a 5 horas.

4. Agregue los camarones, cubra y cocine a fuego BAJO durante aproximadamente 1 hora más.

5. Sazone con sal y pimienta negra recién molida al gusto.

6. Justo antes de preparar el plato, cuece la pasta en agua hirviendo con sal según las instrucciones del paquete.

pollo y relleno

INGREDIENTES

• 4 mitades de pechuga de pollo deshuesadas y sin piel

• 4 rebanadas de queso suizo

• 1 lata (10 1/2 onzas) de caldo de crema condensado

• 1 lata (10 1/2 onzas) de sopa de champiñones condensada

• 1 taza de caldo de pollo

• 1/4 taza de leche

• 2 a 3 tazas de Mezcla para relleno a base de hierbas Pepperidge Farm o Mezcla para relleno casera

• 1/2 taza de mantequilla derretida • Ver las notas de Sandy

• Sal y pimienta para probar

PREPARACIÓN

1. Sazone las pechugas de pollo con sal y pimienta; pon las pechugas de pollo en la olla de cocción lenta.

2. Vierta el caldo sobre las pechugas de pollo.

3. Coloque una rebanada de queso suizo en cada pechuga.

4. Combine ambas latas de sopa y leche. Cubre las pechugas de pollo con la mezcla de sopa.

5. Espolvorea todo con la mezcla de relleno. Cepille la parte superior con mantequilla derretida.

6. Cocine a fuego lento durante 6-8 horas.

• Notas: También puede mezclar caldo de pollo con sopa y obtener casi los mismos resultados.

Si vierte caldo sobre el pollo, el pollo estará húmedo y tierno. • Solo usé la mitad de la cantidad requerida de mantequilla, la próxima vez usaré más con otra taza de mezcla para relleno.

Pechugas de pollo en salsa criolla criolla

INGREDIENTES

- 1 manojo de cebollas verdes (6 a 8, en su mayoría verdes)
- 2 rebanadas de tocino
- 1 cucharadita de condimento criollo o cajún
- 3 cucharadas de mantequilla
- 4 cucharadas de harina
- 3/4 taza de caldo de pollo
- 1 o 2 cucharadas de concentrado de tomate
- 4 mitades de pechuga de pollo deshuesadas
- 1/4 a 1/2 taza mitad y mitad o leche

PREPARACIÓN

1. En una cacerola, derrita la mantequilla a fuego medio. Agregue la cebolla y el tocino, cocine y revuelva durante 2 minutos. Agregue la harina, mezcle y cocine por otros 2 minutos. Agrega el caldo de pollo; cocine hasta que espese, luego agregue la pasta de tomate. Coloque las pechugas de pollo en la olla/olla de cocción lenta; agregue la mezcla de salsa. Tape y cocine a fuego lento durante 6-7 horas, revolviendo después de 3 horas. Agregue la leche unos 20-30 minutos antes de continuar. Servir sobre pasta o arroz.

2. Sirve 4.

burritos de pollo

INGREDIENTES

- *2 tazas de pollo cocido picado*
- *1 paquete (1 onza) de salsa para burritos*
- *1 lata (16 onzas) de frijoles fritos*
- *6 tortillas de harina*
- *8 onzas de Cheddar Jack rallado o queso mixto mexicano*
- *3 tomates pelados, cortados en cubitos*
- *1/2 taza de cebolla picada*
- *salsa verde o de tomate para servir*
- *Ingredientes opcionales: crema agria, cebollas verdes en rodajas, queso rallado, tomates en cubitos, aguacates en cubitos y aceitunas maduras en rodajas*

PREPARACIÓN

1. Agregue el pollo picado y la mezcla de especias y mezcle bien.

2. Extienda los frijoles fritos sobre la tortilla, dividiéndolos equitativamente entre las 6 tortillas. Cubra uniformemente con el pollo sazonado, el queso rallado, los tomates picados y la cebolla picada. Envoltura. Envuelva cada burrito en papel aluminio y colóquelo en una olla de cocción lenta de 4 a 6 litros, apilando según sea necesario. Tape y cocine a temperatura ALTA durante 2 horas.

3. Sirva con salsa y complementos a elegir.

4. Haz 6 burritos de pollo.

pollo Cacciatore

INGREDIENTES

- 1 cebolla grande, en rodajas finas
- 1/2 libra deshuesada, sin piel, media pechuga de pollo
- 2 latas (6 onzas) de pasta de tomate
- 8 onzas de champiñones frescos rebanados
- 1/2 cucharadita de sal
- 1/4 de cucharadita de pimienta
- 2 dientes de ajo picados
- 1 cucharadita de orégano
- 1/2 cucharadita de albahaca
- 1 hoja de laurel
- 1/4 taza de vino blanco seco
- 1/4 taza de agua

PREPARACIÓN

1. Ponga la cebolla picada en el fondo de la olla de cocción lenta; decora con la mitad de la pechuga de pollo. Combinar y mezclar el resto de los ingredientes. Extender sobre el pollo. Tape y cocine a fuego lento durante 6-8 horas o 3-4 horas a fuego alto. Sirva como aderezo sobre espaguetis cocidos calientes o pasta similar.

2. Sirve 4.

Cassoulet De Pollo Con Judías Azules

INGREDIENTES

- 1/2 taza. frijoles de granada secos, cocidos según las instrucciones del paquete hasta que estén tiernos
- 1 1/2 libras de piezas de pollo sin piel
- 3/4 taza de jugo de tomate o V-8
- 1/2 taza de apio picado
- 1/2 taza de zanahorias picadas
- 1/2 taza de cebolla picada
- 1 diente de ajo picado
- 1 hoja de laurel mediana
- 1 cucharadita de gránulos o base de caldo de res instantáneo
- 1/2 cucharadita de albahaca seca
- 1/2 cucharadita de hojas de orégano seco
- 1/2 cucharadita de hoja de salvia seca, triturada
- 1/4 de cucharadita de pimentón dulce

PREPARACIÓN

1. Cubra y enfríe los frijoles cocidos.

2. En una cacerola, combine los frijoles fríos, los trozos de pollo, el jugo de tomate, el apio, la zanahoria, la cebolla, el ajo, el laurel, el caldo, la albahaca, el orégano, la salvia y el pimentón. Tape y cocine a temperatura BAJA durante 7-9 horas. Retire y deseche la hoja de laurel.

3. Sirve 4.

Pollo al Chile con Maíz Maíz

INGREDIENTES

- 2 libras de pechugas de pollo deshuesadas y sin piel, cortadas en trozos de 1 a 1 1/2 pulgada
- 1 cebolla mediana, picada
- 3 dientes de ajo, en rodajas finas
- 1 lata (15 onzas) de almeja blanca, escurrida
- 1 lata (14 onzas) de tomates cortados en cubitos, sin escurrir
- 1 lata (28 onzas) de tomates tomate, escurridos y picados
- 1 lata (4 onzas) de chiles verdes suaves

PREPARACIÓN

1. Combine todos los ingredientes en una olla de cocción lenta; revuelva para combinar todos los ingredientes. Tape y cocine a fuego lento durante 7-9 horas o a fuego alto durante 4-4 1/2 horas.

2. Sirviendo de 4 a 6.

chow mein de pollo

INGREDIENTES

- 1 o 2 cucharadas de aceite vegetal
- 1.5 lb. de pechuga de pollo deshuesada y sin piel, cortada en cubos de 1 pulgada
- 4 zanahorias medianas, en rodajas finas
- 6 a 8 cebollas verdes, en rodajas, incluidas las verdes
- 1 1/2 tazas de apio picado
- 1 taza de caldo de pollo bajo en sodio
- 1 cucharada de azúcar en polvo
- 1/3 taza de salsa de soya ligera
- 1/4 cucharadita de hojuelas de pimiento rojo triturado
- 1/4 de cucharadita de jengibre molido
- 1 diente de ajo mediano, machacado
- 1 lata (8 onzas) de brotes de soja
- 1 lata (8 onzas) de castañas de agua, picadas
- 1/4 taza de harina de maíz
- 1/3 taza de agua

PREPARACIÓN

1. Caliente el aceite en una sartén; Dorar el pollo, revolviendo hasta que se dore por todos lados. Ponga los trozos de pollo en la sartén. Mezcle todos los ingredientes excepto la maicena y el agua. Tape y cocine a fuego lento durante 6-8 horas.

2. Levántate. Combine la maicena y el agua fría en un tazón pequeño; revuelva hasta que la mezcla esté suave y la maicena se haya disuelto. Agrega los líquidos de la olla de cocción lenta. Manteniendo la tapa ligeramente entreabierta para permitir que escape el vapor, cocine a temperatura ALTA hasta que espese, aproximadamente de 15 a 30 minutos (este paso se puede hacer más rápido en la estufa a fuego medio).

3. Sirva arroz o fideos chinos.

4. Sirve 6.

delicia de pollo

INGREDIENTES

- 6 a 8 pechugas de pollo deshuesadas y sin piel
- jugo de limon
- Sal y pimienta para probar
- sal de apio o sal aromatizada al gusto
- pimentón al gusto
- 1 lata de crema de apio
- 1 lata de sopa de champiñones
- 1/3 taza de vino blanco seco
- parmesano rallado al gusto
- arroz cocido

PREPARACIÓN

1. Enjuague el pollo; seco. Sazone con jugo de limón, sal, pimienta, sal de apio y paprika. Coloque el pollo en la olla de cocción lenta. En un tazón mediano, mezcle las sopas con el vino. Vierta sobre las pechugas de pollo. Espolvorear con parmesano. Tape y cocine a

fuego lento durante 6-8 horas. Sirva el pollo con la salsa sobre arroz cocido caliente y puré de queso parmesano.

2. Sirviendo de 4 a 6.

Sofá de pollo con brócoli y pasta

INGREDIENTES

- 3 tazas de pollo cocido cortado en cubitos
- 2 cucharadas de cebolla picada
- 1 lata (10 3/4 onzas) de sopa de pollo
- 1/3 taza de mayonesa
- 3 cucharadas de harina
- 2 tallos de apio, en rodajas
- 1 (10 oz.) piezas de brócoli congelado confitado, alrededor de 1 1/2 a 2 tazas
- 1/2 cucharadita de curry o al gusto
- 1 cucharada de jugo de limón
- 1 libra de pasta o fideos

PREPARACIÓN

1. En un tazón mediano, combine todos los ingredientes excepto la pasta. Remueve para mezclar bien los ingredientes.

2. Vierta la mezcla en la olla de cocción lenta con un poco de mantequilla.

3. Cubra y cocine a temperatura BAJA durante 5 a 7 horas o a temperatura ALTA durante 2,5 a 3,5 horas.

4. Cuando la mezcla de pollo y brócoli esté casi lista, cocina la pasta en agua hirviendo con sal según las instrucciones del paquete.

5. Sirva sobre pasta caliente con mantequilla o albóndigas.

6. Esta receta se puede duplicar.

7. Si está demasiado espeso, agregue un poco de caldo de pollo.

pollo a las vegas

INGREDIENTES

- 6 mitades de pechuga de pollo deshuesadas y sin piel
- 1 lata de sopa de champiñones
- 1/2 litro. cCrea agria
- 1 frasco (6 onzas) de carne seca y picada

PREPARACIÓN

1. Mezcle la sopa, la crema agria y la carne seca. Envuelve el pollo en la mezcla, cubriéndolo bien; colocado en la olla. Vierta la mezcla restante sobre el pollo. Cubra y cocine a fuego BAJO durante 5-7 horas hasta que el pollo esté tierno pero no seco. Servir con arroz caliente o fideos.

2. Sirve 6.

lasaña de pollo

INGREDIENTES

- 2 mitades grandes de pechuga de pollo, sin hueso
- 2 palitos de apio picados
- 1 cebolla picada pequeña o 1 o 2 cucharadas de cebolla picada seca
- 1/2 cucharadita de tomillo
- Sal y pimienta para probar
- 6 a 9 lasañas
- 1 paquete de espinacas congeladas, descongeladas y exprimidas
- 6 onzas de champiñones frescos cortados en rodajas gruesas o 1 lata de 4 a 8 onzas
- 1 1/2 tazas de queso cheddar y queso americano mixto rallado
- 1 lata de crema de champiñones "light"
- 1 lata de tomates picantes verdes
- 1 paquete (1 onza) de salsa de pollo seca
- 3/4 taza de caldo reservado

PREPARACIÓN

1. En una cacerola de 2 litros, guise las pechugas de pollo con apio, cebolla, tomillo, sal y pimienta hasta que estén tiernas, unos 25 minutos. Retire el pollo y enfríe; cortar en trozos pequeños o moler. Reserve 3/4 taza de caldo. Deseche el caldo restante o congélelo para usarlo en otra receta. Corta la lasaña por la mitad; cocine durante unos 5-8 minutos hasta que se vuelva un poco flexible. Escurrir y enjuagar con agua fría para un fácil manejo.

2. En un tazón mediano, combine la sopa, los tomates, la salsa y el caldo. En una olla de cocción lenta de 3 1/2 a 4 litros, vierta 3/4 taza de la mezcla de sopa. Coloque de 4 a 6 mitades de lasaña encima de la sopa. Agregue 1/3 de espinaca, 1/3 de pollo, 1/3 de champiñones y 1/2 taza de queso rallado. Vierta todo con otros 3/4 de taza de sopa. Repita las capas 2 veces más, terminando con la mezcla de sopa restante. Tape y cocine a fuego lento durante 4 a 5 horas. La pasta demasiado cocida puede volverse blanda, así que verifique después de aproximadamente 4 horas y media.

3. Sirve 4.

pollo marengo

INGREDIENTES

- 3-4 libras de pollo deshuesado o piezas de pechuga
- 2 tomates frescos, tomates enlatados cortados en cuartos o en cubitos (14.5 onzas)
- 8 onzas de champiñones frescos
- 1 bolsa de salsa para espagueti (alrededor de 1 1/2 onzas)
- 1/2 taza de vino blanco seco

PREPARACIÓN

1. Ponga el pollo en el fondo de la olla. Completar con tomates y champiñones. Agregue la salsa de espagueti seca al vino y vierta sobre el pollo. Cubra y cocine a fuego BAJO de 6 a 8 horas o hasta que el pollo esté tierno (las pechugas de pollo deshuesadas estarán duras si se cocinan por mucho tiempo).

pollo parisino

INGREDIENTES

- 6 a 8 pechugas de pollo
- sal, pimienta y pimentón
- 1/2 taza de vino blanco seco
- 1 lata (10 1/2 onzas) de crema de champiñones
- 8 onzas de champiñones rebanados
- 1 taza de crema agria
- 1/4 taza de harina

PREPARACIÓN

1. Espolvorea las pechugas de pollo con sal, pimienta y pimentón. Coloque en una olla de cocción lenta. Revuelva el vino, la sopa y los champiñones hasta que estén bien combinados. Vierta sobre el pollo. Espolvorear con pimentón. Cubra y cocine a fuego lento durante 6-8 horas o hasta que el pollo esté tierno pero no demasiado seco.
Mezcle la crema agria y la harina; añadir a la olla. Cocine por unos 20 minutos más hasta que se caliente.

2. Sirva con arroz o fideos.

3. Sirve de 6 a 8.

pollo a la parmesana

INGREDIENTES

- *2 cucharadas de aceite vegetal*
- *6 a 8 pechugas de pollo deshuesadas*
- *sal, pimienta y condimento italiano*
- *2 tazas de salsa para espagueti*
- *1 hoja de laurel*
- *ajo (dientes o en polvo)*
- *1 taza de mozzarella picada*
- *Parmigiano Reggiano, rallado*
- *arroz o pasta*

PREPARACIÓN

1. Caliente el aceite en una sartén a fuego medio. Freír el pollo, espolvorear con sal, pimienta y especias italianas.

2. Mezcle la salsa de espagueti, la hoja de laurel y el ajo en una cacerola. Coloque el pollo en la salsa y cocine a temperatura BAJA durante 5 a 6 horas o hasta que el pollo esté completamente cocido y tierno.

3. Retire el pollo y la salsa a la sartén. Espolvorear con mozzarella y parmesano. Calentar en el horno a 350° hasta que el queso esté derretido y espumoso.

4. Sirva el pollo con salsa sobre pasta, calabacín o arroz.

ragú de pollo

INGREDIENTES

- *2 cucharadas de aceite vegetal*
- *1/2 taza de cebolla picada*
- *Piezas de pollo de 3 a 4 libras*
- *2 cucharadas de perejil fresco picado*
- *1 1/2 tazas de caldo de pollo*
- *2 papas, peladas y cortadas en cubitos*
- *1/4 taza de jugo de limón fresco*
- *1 huevo batido*
- *2 cucharadas de eneldo fresco picado*

PREPARACIÓN

1. Caliente el aceite en una sartén; piezas de pollo marrón. Agregue la cebolla a la sartén y fría hasta que la cebolla esté suave. Pon las papas en el fondo de la olla; ponga el pollo dorado y las cebollas encima. Agrega el perejil y 1 1/2 tazas de caldo de pollo; cubra y cocine a fuego BAJO durante 6-8 horas. Agrega jugo de limón al momento de servir. Transfiere los jugos a la cacerola. Agregue la mitad de los jugos calientes al huevo batido; Vierta la mezcla de huevo en los jugos restantes en la cacerola.

2. Cocine a fuego lento, revolviendo constantemente, hasta que espese. no cocines Agregue eneldo fresco. Coloque los trozos de pollo caliente en un plato y vierta la salsa espesa sobre el pollo.

3. Sirviendo de 4 a 6.

Cazuela de pollo Rubén

INGREDIENTES

- 32 onzas de chucrut (frasco o bolsa), enjuagado y escurrido
- 1 taza de salsa rusa
- 4 a 6 pechugas de pollo deshuesadas y sin piel
- 1 cucharada de mostaza preparada
- 1 taza de queso suizo rallado o queso Monterey Jack

PREPARACIÓN

1. Ponga la mitad del chucrut en el fondo de la olla. Vierta 1/3 taza de salsa; Coloque 2 o 3 pechugas de pollo encima y cepille el pollo con mostaza. Adorne con el chucrut restante y las pechugas de pollo; vierta sobre todo con otra taza de aderezo y guarde la taza restante de aderezo para servir.

2. Cubra y cocine a fuego lento durante aproximadamente 4 horas o hasta que el pollo esté completamente cocido y tierno. Espolvorea con queso suizo y cocina hasta que el queso se derrita.

3. Sirva con el aderezo reservado.

4. Sirviendo de 4 a 6.

Cazuela de arroz con pollo y judías verdes

INGREDIENTES

- 1 taza de arroz crudo, procesado (Uncle Ben)
- 2 pechugas de pollo deshuesadas
- 1 lata de caldo de pollo
- 1 lata de sopa de champiñones
- 2 latas de sopa de agua (o parte de vino blanco o jerez)
- 1 paquete de sopa de cebolla seca
- 1/2 cucharadita de pimentón
- .
- Verduras recomendadas:
- 1 zanahoria grande, cortada en gajos, opcional
- 1 taza de judías verdes picadas frescas o congeladas, opcional
- 1 pimiento verde mediano, picado, opcional
- 1 lata de maíz, escurrida, opcional

PREPARACIÓN

1. Ponga el arroz en el fondo de la olla. Vierta el arroz con agua. En un tazón, mezcle las sopas enlatadas y la sopa seca, vierta sobre el arroz. Agrega vegetales picados, tu favorito. Pon el pollo encima. Espolvorear con pimentón. Cocine en BAJO durante 4 1/2 - 6 1/2 horas.

2. Proporcionado por Ness W.

Muslos de pollo al estilo Tex-Mex

INGREDIENTES

- Piernas de pollo deshuesadas de 1 a 1 1/2 libras
- 1 lata de maíz integral (12 a 15 onzas), escurrido
- 1 lata (15 onzas) de frijoles negros, escurridos
- 1 lata (4 onzas) de chile verde ligeramente picado
- 1 taza de salsa gruesa
- 1 cucharada de condimento para tacos
- 1/4 cucharadita de pimienta negra molida

PREPARACIÓN

1. Retire el exceso de grasa del muslo de pollo y colóquelo en la olla de cocción lenta junto con el maíz, los frijoles, el chile, la salsa, el condimento para tacos y la pimienta. Revuelva para mezclar los ingredientes. Tape y cocine a temperatura BAJA durante 5 1/2 a 6 1/2 horas hasta que el pollo esté tierno. Para 4 personas.

Pollo con Alcachofas

INGREDIENTES

- 2 paquetes (1 onza) de salsa bernesa mixta
- 1/2 taza de vino blanco seco
- 1/2 cucharadita de estragón
- 1/2 cucharadita de ajo en polvo
- 3 cebollas verdes, picadas
- 8 onzas de jamón cocido, cortado en cubitos
- 1 pimiento rojo picado
- 1 libra de papas rojas, lavadas y cortadas en cubos de 1/2 pulgada
- 1 paquete (9 onzas) de mitades y cuartos de alcachofa congelados, descongelados
- 1 libra de pechuga de pollo deshuesada o filete de pollo, cortado en trozos

PREPARACIÓN

1. En una olla de cocción lenta, mezcle ambos paquetes de salsa bernesa, vino, estragón y ajo en polvo hasta que estén bien combinados. Agregue las cebolletas, el jamón, el chile, las papas, las

alcachofas y el pollo. Mezcla suavemente. Tape, ponga a fuego lento y cocine por 6 horas.

2. Sirviendo de 4 a 6

Pollo con Alcachofas

INGREDIENTES

• Nuggets de pollo de 1 a 1 1/2 libras (alrededor de 8 a 10)

• 1 bolsa (8 onzas) de corazones de alcachofa congelados o alcachofas enlatadas, escurridas

• 1 taza de arroz procesado

• 1 lata (10 3/4 onzas) de sopa de pollo Dijon

• 1 taza de caldo o caldo de pollo

• pimienta limón o pimienta negra

• 1 taza de queso rallado, Kraft® Classic Melts Four-Cheese Blend o queso americano como Velveeta

PREPARACIÓN

1. Poner el arroz, el pollo y las alcachofas en la olla. Cubrir con la sopa, espolvorear el caldo con pimienta limón. Cocine a fuego lento durante 6-7 horas. Espolvorear con queso rallado 30 minutos antes de servir.

2. La receta de pollo y arroz sirve de 4 a 6

Pollo con tocino y pasta

INGREDIENTES

- aceite vegetal, aproximadamente 2 cucharadas
- 4 a 6 mitades de pechuga de pollo o use piezas de pollo de 3 libras
- 6 rebanadas de tocino
- 1/2 taza de cebolla picada
- sal y pimienta
- 1/2 cucharadita de pimienta recién molida
- 1/4 taza de caldo de pollo
- 8 onzas de macarrones con coditos o conchas pequeñas, cocidas
- 2 cucharaditas de hojuelas de perejil seco y triturado

PREPARACIÓN

1. Freír el pollo en aceite varias piezas a la vez y escurrir. En la misma sartén dorar ligeramente la panceta, retirar, reservar y desengrasar. Ponga el pollo y el tocino en la olla de cocción lenta; agregue la cebolla, la sal, la pimienta y el caldo. Tape y cocine a fuego lento de 7 a 8 horas, a fuego alto de 3 a 4 horas o hasta que el pollo esté tierno. Suba el fuego, agregue la pasta cocida caliente y las

hojuelas de perejil. Cocine otros 15 minutos; probar y ajustar las especias si es necesario.

Pollo Con Tocino Y Vino

INGREDIENTES

- 4-5 pechugas y muslos de pollo

- 8 rebanadas de tocino cortado en cubitos

- 1 1/2 tazas de cebollas verdes rebanadas

- 8 cebollas blancas pequeñas, peladas

- 16 papas nuevas pequeñas, lavadas o de 1 a 1 1/2 libras

- patatas medianas, en cuartos

- 8 onzas de champiñones enteros pequeños

- 3 dientes de ajo, machacados y picados

- 2 cucharaditas. Sal

- 1/4 cucharadita. Pimienta

- 1 cucharadita. hojas secas de tomillo

- 1 taza de caldo de pollo

- 1 copa de vino tinto seco

- perejil picado para decorar

- 1 o 2 cucharadas, agua y harina, opcional

PREPARACIÓN

1. En una sartén grande, saltee el tocino cortado en cubitos y las cebollas verdes hasta que el tocino esté crujiente. Escurrir y escurrir sobre papel absorbente. Agregue los trozos de pollo a la sartén y dore bien por todos lados. Retire el pollo dorado y reserve. Agregue la cebolla, las papas, los champiñones y el ajo a la sartén. Agregue los trozos de pollo dorados, el tocino, las cebolletas, la sal, la pimienta, el tomillo y el caldo de pollo. Cubra y cocine en BAJO durante 6-8 horas o ALTO durante 3-4 horas.

2. Agregue el vino aproximadamente 1 hora antes del final. Retire las piezas de pollo del plato de servir. Si es necesario, espese los jugos con una combinación de 1 o 2 cucharadas de harina y agua fría. Acomode las verduras alrededor del pollo y vierta el jugo sobre todo. Decorar con perejil picado.

Pollo Con Galletas

INGREDIENTES

- 1/2 a 2 libras de mitades de pechuga de pollo deshuesadas, cortadas en trozos grandes

- 1/2 taza de cebolla picada

- 1 taza de apio picado

- 1 lata (10 3/4 onzas) de crema de pollo condensada o crema de pollo y sopa de champiñones, sin diluir

- 1 frasco (12 onzas) de salsa de pollo

- 1/4 de cucharadita de condimento para aves

- 1/2 cucharadita de hojas de tomillo seco

- una pizca de pimienta negra

- 2 tazas de verduras mixtas congeladas, descongeladas

- 6 galletas congeladas o galletas de la nevera

PREPARACIÓN

1. En la olla de cocción lenta, coloque trozos crudos de pechuga de pollo con cebolla picada y apio.

2. Combine la sopa y la salsa con el condimento para aves, el tomillo y la pimienta; verter sobre el pollo.

3. Cubra y cocine a temperatura BAJA durante 5 a 6 horas.

4. Agregue las verduras mixtas descongeladas, ajuste la olla de cocción lenta a ALTO y cocine durante 20-30 minutos hasta que las verduras estén tiernas.

5. Mientras tanto, hornee las galletas como se describe en el paquete.

1. Antes de servir, divida el bizcocho y vierta sobre la mitad inferior del pollo y las verduras. Coloque la mitad superior del bizcocho sobre el pollo y la salsa.

Para 6.

pollo con arándanos

INGREDIENTES

- 6 pechugas de pollo deshuesadas y sin piel
- 1 cebolla pequeña, picada
- 1 taza de arándanos frescos
- 1 cucharadita de sal
- 1/4 cucharadita de canela molida
- 1/4 de cucharadita de jengibre molido
- 3 cucharadas de azúcar moreno o miel
- 1 vaso de jugo de naranja
- 3 cucharadas de harina mezcladas con 2 cucharadas de agua fría

PREPARACIÓN

1. Coloque todos los ingredientes excepto la mezcla de harina y agua en una olla de cocción lenta o en una olla. Tape y cocine a fuego lento durante 6-7 horas hasta que el pollo esté tierno. Agregue la

mezcla de harina en los últimos 15-20 minutos y cocine hasta que espese. Probar y ajustar las especias.

2. Sirve 4.

Pollo con Carne Seca

INGREDIENTES

• 1 bote de cecina de res, de aproximadamente 2 1/2 onzas, enjuagada

• 6 mitades de pechuga de pollo deshuesadas y sin piel

• 6 rebanadas de tocino

• 1/4 taza de crema agria

• 1/4 taza de harina

• 1 lata de sopa de champiñones sin diluir

• 2 o 3 cucharadas de vino blanco seco, opcional

PREPARACIÓN

1. Coloque la carne seca en el fondo de la olla de cocción lenta engrasada. Envuelve cada trozo de pollo con una rebanada de tocino; poner la bresaola. En un tazón pequeño, mezcle la crema agria y la harina; agregue la sopa y el vino si los usa y mezcle bien. Vierta

sobre la mezcla de pollo. Tape y cocine a temperatura BAJA durante 6-8 horas.

2. Sirve 6.

3. Sirva con arroz cocido caliente y ensalada o papas y una verdura verde.

Pollo Con Ajo Y Piña

INGREDIENTES

- 3 1/2 libras de pollo
- Sal
- Pimienta
- 1/4 de cucharadita de jengibre molido
- 1 diente de ajo picado
- 1 taza de caldo de pollo
- 8 1/2 onzas de piña picada en almíbar, almíbar sobrante
- 4 onzas de castañas de agua en rodajas, escurridas
- 4 cebollas verdes, en rodajas finas
- 1/4 taza de harina de maíz
- 1/4 taza de salsa de soya
- 1 cucharada de vinagre

PREPARACIÓN

1. Espolvorea el pollo con sal y pimienta; poner en la olla de cocción lenta. Combine el jengibre, el ajo, el caldo de pollo y el jarabe de piña;

poner a un lado. Cortar las rodajas de piña en cuartos. Disponer la piña y las castañas de agua troceadas sobre el pollo. Cubra con la salsa de jengibre y ajo. Cubra y cocine a temperatura alta durante 1 hora; reduzca el fuego y cocine por otras 3-5 horas o hasta que el pollo esté tierno. Agregue la cebolla verde. Disuelva la maicena en salsa de soya y vinagre, luego mezcle en una olla.

2. *Cubra y cocine a temperatura ALTA de 10 a 15 minutos adicionales o hasta que espese un poco.*

3. *Sirva con arroz cocido caliente.*

Crujiente de manzana de mamá

(Listo en aproximadamente 3 horas | 6 porciones)

Ingredientes

- *2/3 taza de avena pasada de moda*
- *2/3 taza de azúcar morena, envasada*
- *2/3 taza de harina para todo uso*
- *1 cucharadita de pimienta de Jamaica*
- *1 cucharadita de canela*
- *1/2 taza de mantequilla*
- *5-6 manzanas agrias, sin corazón y en rodajas*

Indicaciones

1. En un tazón mediano, combine los primeros seis ingredientes. Revuelve hasta que todo esté bien combinado.

2. Coloque las manzanas rebanadas en la olla.

3. Espolvorea las manzanas en la olla con la mezcla de avena.

4. Cubre la olla con tres toallas de papel. Ponga la olla alta y cocine por unas 3 horas.

Quinoa Vegetariana Con Espinacas

(Hecho en aproximadamente 3 horas | 4 porciones)

Ingredientes

- 2 cucharadas de aceite de oliva
- 3/4 taza de cebolletas, picadas
- 1 taza de espinacas
- 2 dientes de ajo, picados
- 1 taza de quinua enjuagada
- 2 ½ tazas de caldo de verduras
- 1 vaso de agua
- 1 cucharada de albahaca fresca
- 1 cucharada de cilantro fresco

- 1/4 cucharadita de pimienta negra molida

- Sal al gusto

- 1/3 taza de queso parmesano parmesano

Indicaciones

1. Caliente el aceite de oliva en una sartén a fuego medio. Saltee las cebolletas, las espinacas y el ajo hasta que estén suaves y fragantes. Transferir a la olla.

2. Agregue el resto de los ingredientes excepto el queso y cubra con la tapa.

3. Cocine en BAJO durante aproximadamente 3 horas.

4. Agrega el queso parmesano, prueba y sazona; ¡atender!

Quinua fácil con verduras

(Hecho en aproximadamente 3 horas | 4 porciones)

Ingredientes

- 2 cucharadas de margarina derretida
- 1 cebolla mediana, picada
- 1 diente de ajo, picado
- 1 taza de champiñones, en rodajas
- 1 pimiento rojo dulce
- 1 taza de quinua enjuagada
- 2 tazas de caldo de verduras
- 1 ½ tazas de agua
- 1 cucharada colmada de perejil fresco

- *1 cucharada colmada de cilantro fresco*
- *1/4 cucharadita de hojuelas de pimiento rojo triturado*
- *Una pizca de pimienta negra molida*
- *Sal al gusto*
- *1/3 taza de queso parmesano parmesano*

Indicaciones

1. *En una sartén mediana, caliente la margarina a fuego medio.*
2. *Saltee la cebolla, el ajo, los champiñones y el pimiento rojo en la margarina caliente durante unos 6*

minutos o hasta que estén tiernos. Sustituir en la olla.

3. Agrega el resto de los ingredientes, excepto el queso parmesano; ponga la olla a fuego lento y cocine por unas 3 horas.

4. ¡Añade parmesano y disfruta!

Tortilla de col con salchichas

(Listo en aproximadamente 3 horas | 6 porciones)

Ingredientes

- *Aceite en aerosol antiadherente*
- *3/4 taza de repollo*
- *1 pimiento rojo dulce, en rodajas*
- *1 pimiento verde dulce, en rodajas*
- *1 cebolla roja mediana, en rodajas*
- *8 huevos batidos*
- *1/2 cucharadita de pimienta negra molida*
- *1 cucharadita de sal*

•1/3 taza de salchichas

Indicaciones

1. Combine todos los ingredientes en una olla de barro bien engrasada.

2. Ponga la olla a fuego lento y cocine hasta que la tortilla esté fría, o alrededor de 3 horas.

3. Puedes recalentar esta tortilla en el microondas durante 60 segundos.

Deliciosa tortilla de fin de semana

(Listo en aproximadamente 3 horas | 6 porciones)

Ingredientes

- *Aceite en aerosol antiadherente*
- *1 1/3 tazas de jamón cocido*
- *1 pimiento rojo, en rodajas*
- *1 pimiento verde dulce, en rodajas*
- *1 cebolla tierna, cortada en rodajas*
- *8 huevos batidos*
- *1 cucharada de albahaca*
- *1 cucharada colmada de cilantro fresco*
- *1 cucharada de perejil fresco*

·1 cucharadita de sal

·1/4 cucharadita de pimienta negra molida

·1/4 cucharadita de pimienta de cayena

·Unas gotas de salsa tabasco

Indicaciones

1. Engrasa la olla con aceite en aerosol antiadherente. Combina todos los ingredientes en una olla.

2. Ponga la olla a fuego lento y cocine la tortilla durante unas 3 horas.

3. *Divida entre seis platos y espolvoree con cebollino picado si lo desea; decorar con crema agria y servir!*

¿Una delicia de desayuno vegetariano?

(Hecho en aproximadamente 4 horas | 4 porciones)

Ingredientes

- 2 cucharadas de aceite de colza
- 1 taza de chalotes picados
- 1 diente de ajo, picado
- 2 zanahorias medianas, en rodajas finas
- 1 tallo de apio, picado
- 1 taza de quinua enjuagada
- 2 tazas de caldo de verduras
- 1 ½ tazas de agua

- 1 cucharada de cilantro fresco
- Una pizca de pimienta negra molida
- 1/4 cucharadita de tomillo seco
- 1/4 de cucharadita de eneldo seco
- Sal al gusto
- 1/3 taza de queso parmesano parmesano

Indicaciones

1. En una sartén mediana, caliente el aceite de canola a fuego medio.

2. Saltee los chalotes, el ajo, las zanahorias y el apio durante unos 5 minutos hasta que las verduras estén

blandas. Transfiere las verduras a la olla.

3. *Añadir la quinoa, el caldo de verduras, el agua, el cilantro, la pimienta negra, el tomillo seco, el eneldo y la sal al gusto.*

4. *Tape y cocine a temperatura BAJA durante unas 4 horas.*

5. *¡Espolvorea con parmesano y sirve caliente!*

Tortilla con tocino rico en proteínas

(Listo en aproximadamente 4 horas | 6 porciones)

Ingredientes

- Aceite en aerosol antiadherente
- 1 taza de chalotes, en rodajas
- 1 1/3 tazas de tocino
- 1 taza de champiñones rebanados
- 1 chile poblano, picado
- 10 huevos batidos
- 1 cucharada colmada de cilantro fresco
- 1 cucharadita de sal

- 1/4 cucharadita de pimienta negra molida

- 1/4 cucharadita de hojuelas de pimiento rojo triturado

Indicaciones

1. Combine todos los ingredientes en una olla engrasada.

2. Luego ajuste la olla a la configuración baja; cubra y cocine la tortilla durante 3-4 horas.

3. ¡Corta en seis pedazos, decora con mostaza y sirve!

Omelet con chile champiñones

(Hecho en aproximadamente 4 horas | 4 porciones)

Ingredientes

- Aceite en aerosol antiadherente
- 1 cebolla verde, en rodajas
- 2 dientes de ajo, picados
- 2 tazas de champiñones rebanados
- 1 pimiento rojo picado
- 2 tomates maduros, en rodajas
- 8 huevos batidos
- 1 cucharada de cilantro fresco
- 1 cucharadita de sal

- 1/4 cucharadita de pimienta negra molida

- 1/4 cucharadita de pimienta de cayena

Indicaciones

1. Coloque todos los ingredientes en la olla.

2. Cubrir con una tapa; cocine a fuego lento durante 3-4 horas.

3. Cortar en cuartos y servir caliente con crema agria y ketchup.

Avena con plátano y pecanas

(Hecho en aproximadamente 8 horas | 4 porciones)

Ingredientes

- *2 vasos de agua*
- *2 plátanos maduros*
- *1 taza de avena cortada en acero*
- *1/4 taza de nueces picadas en trozos grandes*
- *2 tazas de leche de soya*
- *1/2 cucharadita de canela*
- *1 cucharadita de extracto puro de almendras*
- *Pizca de sal*

·miel al gusto

Indicaciones

1. Vierta un poco de agua en la olla. Use un tazón apto para horno (una cacerola de vidrio funciona aquí) y colóquelo en la olla.

2. Aplasta los plátanos con un tenedor o tritúralos en una licuadora. Transferir a un recipiente resistente al horno.

3. Agregue el resto de los ingredientes al tazón.

4. Cocine a fuego lento durante la noche u 8 horas.

5. Remueve bien antes de servir y añade las especias que hayas elegido. ¡Disfrutar!

Harina de avena abundante con nueces

(Hecho en aproximadamente 8 horas | 4 porciones)

Ingredientes

- *1 plátano maduro grande*
- *1 taza de avena cortada en acero*
- *1/4 taza de nueces, picadas en trozos grandes*
- *2 cucharadas de semillas de chía*
- *1 cucharada de semillas de cáñamo*
- *2 vasos de leche*
- *1/4 cucharadita de nuez moscada rallada*

- 1/2 cucharadita de cardamomo

- 1/2 cucharadita de canela

- 1 cucharadita de extracto puro de vainilla

- 2 vasos de agua

- Jarabe de arce para decorar

- Fruta fresca para decorar

Indicaciones

1. Aplasta el plátano con un tenedor. Agregue el puré de plátano a la fuente para horno. Agrega el resto de los ingredientes.

2. Vierta agua en la olla.

3. *Coloque la fuente para hornear en la olla. Cocine a fuego lento durante la noche u 8 horas. Adorne con jarabe de arce y fruta fresca.*

Pollo Teriyaki con Arroz Basmati

(Hecho en aproximadamente 8 horas | 8 porciones)

Ingredientes

- 2 libras de pollo deshuesado y cortado en tiras
- 1 taza de guisantes
- 1 pimiento rojo dulce, picado
- 1 pimiento amarillo dulce, picado
- 1 taza de chalotes
- 1/2 taza de caldo de pollo
- 1 taza de salsa teriyaki
- Sal marina al gusto
- 1/4 cucharadita de pimienta negra molida

Indicaciones

1. *Agregue todos los ingredientes a la olla. Revuelve para combinar.*

2. *Tape y cocine a fuego lento durante unas 6 horas.*

3. *Servir sobre arroz basmati.*

Pollo húmedo y tierno con cebolla caramelizada

(Listo en aproximadamente 6 horas | 4 porciones)

Ingredientes

- 2 cucharadas de mantequilla
- 1 cebolla grande, picada
- 1 cucharadita de azúcar
- 2 dientes de ajo, picados
- 1 cucharada de curry en polvo
- 1 vaso de agua
- 3/4 cucharadita de caldo de pollo espesado
- 8 muslos de pollo, sin piel
- Arroz blanco de grano largo cocinado como guarnición

Indicaciones

1. En una sartén pequeña, derrita la mantequilla a fuego medio. Agregue la cebolla y cocine por 10 minutos, revolviendo ocasionalmente.

2. Luego encienda el fuego a medio-alto; agregue el azúcar y cocine otros 10 minutos hasta que la cebolla se dore. Transferir a la olla.

3. Agregue el resto de los ingredientes excepto el arroz cocido; cocina tapado por unas 6 horas.

4.*Divida en cuatro tazones y sirva sobre arroz blanco de grano largo.*

Pollo al curry con almendras

(Listo en aproximadamente 6 horas | 4 porciones)

Ingredientes
- 1 cucharada de aceite de oliva
- 1 taza de puerro picado
- 2 dientes de ajo, picados
- 1 ½ cucharada de curry en polvo
- 1 taza de leche de almendras
- 1/2 taza de agua
- 8 muslos de pollo, sin piel
- 1 1/2 taza de apio, rebanado en diagonal
- 1 taza de almendras rebanadas, tostadas

Indicaciones

1. En una sartén pesada, caliente el aceite de oliva; saltee los puerros hasta que estén tiernos. Transferir a la olla.

2. Agrega el resto de los ingredientes excepto las almendras laminadas.

3. Cubrir con una tapa adecuada y cocinar durante unas 6 horas.

4. ¡Espolvorea almendras tostadas encima y sirve caliente!

¿Increíble pollo con leche?

(Hecho en aproximadamente 8 horas | 4 porciones)

Ingredientes
- Aceite en aerosol antiadherente
- 1 taza de caldo
- 1 pimiento verde, en rodajas
- 1 pimiento rojo, en rodajas
- 1 zanahoria, cortada en rodajas finas
- 1/2 taza de leche
- 1 taza de pechuga de pollo, deshuesada y sin piel
- 1 ½ tazas de agua

Indicaciones
1. Cubre la olla con spray antiadherente.
2. Agrega el resto de los ingredientes.

3. *Cubrir con una tapa; ponga la olla a fuego lento y cocine por 8 horas.*

Pavo picante con chucrut

(Listo en aproximadamente 8 horas | 6 porciones)

Ingredientes

- 1 libra de zanahoria, en rodajas finas
- 1 tallo de apio, finamente picado
- 1 taza de puerro picado
- 2 dientes de ajo, pelados y picados
- 1 pechuga de pavo grande, sin hueso
- 2 libras de chucrut, enjuagado y escurrido
- 6 papas rojas medianas, lavadas y picadas
- 2 vasos de cerveza
- 1/2 cucharadita de salvia seca
- 1/2 cucharadita de romero seco

· Sal al gusto

· 1/2 cucharadita de pimienta negra molida

Indicaciones

1. Coloca todos los ingredientes en una olla de barro.

2. Ponga la olla en un nivel bajo; cocina tapado por unas 8 horas.

3. Luego prueba al gusto y ajusta si es necesario; atender.

Pechuga de pavo con arándanos

(Hecho en aproximadamente 8 horas | 8 porciones)

Ingredientes

- *Aerosol para cocinar con sabor a mantequilla*
- *1 cucharadita de caldo de pollo espesado*
- *2 tazas de salsa de arándanos enteros*
- *1/4 de cucharadita de agua*
- *1 pechuga de pavo deshuesada de tamaño mediano, cortada en cuartos*

Indicaciones

1. *Cubra la olla con aceite en aerosol con sabor a mantequilla. Agrega el*

resto de los ingredientes; mezclar para combinar.

2. Tape y cocine a fuego lento durante 8 horas o cocine a fuego alto durante 4 horas. Servir con crema agria.

Pavo con salsa de cebolla y ajo

(Hecho en aproximadamente 8 horas | 8 porciones)

Ingredientes

- 5 cebollas rojas grandes, en rodajas finas
- 4 dientes de ajo, picados
- 1/4 taza de vino blanco seco
- 1/2 cucharadita de sal marina
- 1/4 cucharadita de pimienta negra molida
- 1/4 cucharadita de pimienta de cayena
- 4 muslos de pavo grandes sin piel

Indicaciones

1. Coloque la cebolla y el ajo en el fondo de la olla. Desglasar con vino y espolvorear con sal, pimienta negra y pimienta de cayena.

2. Agrega las patas de pavo. Cubrir; cocina a fuego lento durante unas 8 horas.

3. Retire las patas de pavo de la olla. Limpiar el hueso de pavo de la carne.

4. Destape la olla y continúe cocinando hasta que el líquido se evapore. Revuelva de vez en cuando.

5. Pon el pavo en la olla. Luego ponga el pavo en la mezcla en la olla. Atender.

col de abuelita con carne de res

(Hecho en aproximadamente 4 horas | 4 porciones)

Ingredientes
- *1 libra de carne de res cocida, cortada en trozos pequeños*
- *1 cebolla mediana, pelada y cortada en cubitos*
- *1 taza de repollo picado*
- *2 papas medianas, cortadas en cubitos*
- *2 zanahorias, peladas y en rodajas finas*
- *1 tallo de apio, picado*
- *1 diente de ajo, pelado y picado*
- *2 tazas de caldo de res*
- *2 tazas de tomates enlatados, cortados en cubitos*

- Sal al gusto
- 1/4 cucharadita de pimienta negra molida

Indicaciones

1. Poner todos los ingredientes en una cazuela de barro; mezclar para combinar.

2. Ponga la olla alta y cocine por 1 hora. Luego reduzca el fuego y cocine por 3 o 4 horas.

3. Pruebe y ajuste las especias; servir caliente.

Delicioso stroganoff de ternera

(Hecho en aproximadamente 4 horas y 30 minutos | 4 porciones)

Ingredientes

- 1 libra de carne de res cocida, picada
- 1/2 taza de champiñones rebanados, escurridos
- 1 cebolla, picada
- 2-3 dientes de ajo picados
- 1/2 taza de caldo de res
- 1 taza de crema de champiñones
- 2 cucharadas de vino blanco seco
- 1 taza de queso crema
- 1 hoja de laurel
- 1/2 cucharadita de salvia seca
- 1/2 cucharadita de romero seco

Indicaciones

1. Ponga todos los ingredientes, excepto el queso crema, en la olla. Tape y cocine a fuego lento durante 4 horas.

2. Luego corta el queso en trozos pequeños; añadir a la olla. Tape y cocine a fuego lento durante 1/2 hora más o hasta que el queso se derrita.

3. Sirve sobre tus fideos de huevo favoritos.

Pechuga de res enlatada al estilo campestre

(Listo en unas 8 horas 45 minutos | 12 dosis)

Ingredientes

- *4 libras de pechuga de res enlatada*
- *2 dientes de ajo, pelados y picados*
- *2 cebollas, picadas*
- *1 vaso de agua*
- *1 hoja de laurel*
- *1/2 taza de caldo de res*
- *1 cucharada de pimentón*
- *1/2 cucharadita de nuez moscada recién rallada*
- *1/2 cucharadita de pimienta blanca*
- *Unas gotas de humo líquido*

Indicaciones

1. Retire el exceso de grasa de la falda de res. Transfiera la pechuga de res a la olla.

2. Agrega los ingredientes restantes; cubra y cocine por 8 horas.

3. Precaliente el horno a 350 grados F. Coloque la pechuga de res en una bandeja para hornear; hornee por 45 minutos.

4. Sirva sobre papas al horno si lo desea.

verduras al horno

(Listo en aproximadamente 8 horas | 6 porciones)

Ingredientes

- *1 libra de zanahorias*
- *3 papas medianas, cortadas en cuartos*
- *2 dientes de ajo, pelados y picados*
- *2 tallos de apio, cortado en cubitos*
- *1 pimiento rojo dulce, sin semillas y cortado en cubitos*
- *1 cebolla grande, picada*
- *3 libras de pan asado, sin hueso*
- *1 cucharadita de caldo concentrado*
- *1/2 cucharadita de pimienta negra*
- *1 vaso de agua*

- 1 taza de jugo de tomate
- 1 cucharada de salsa de soya

Indicaciones

1. Pon las verduras en la olla.

2. Corte el asado de cuello de cerdo en porciones del tamaño de una porción. Coloque las piezas horneadas encima de las verduras.

3. En un tazón, mezcle el concentrado de caldo, la pimienta negra, el agua, el jugo de tomate y la salsa de soya. Mezcla para combinar. Agregue esta mezcla líquida a la olla.

4. Tape y cocine por unas 8 horas.

Roast Beef con Tubérculos

(Listo en unas 8 horas | 12 dosis)

Ingredientes

- 4 papas rojas, cortadas en cuartos
- 1 vaso de agua
- 4 chirivías, cortadas en cuartos
- 3 nabos, cortados en cuartos
- 1 cebolla, cortada en rodajas
- 1/2 taza de puerros cortados en rodajas
- 7 dientes de ajo, en rodajas
- 4 libras de carne asada redonda magra
- 1 caldo de res espesado
- 1 cucharadita de pimentón ahumado

• 1/2 cucharadita de pimienta negra recién molida

Indicaciones

1. Simplemente echa todos los ingredientes en la olla.

2. Ponga la olla a fuego lento y cocine por 8 horas.

3. Cortar la carne en porciones y servir con verduras. Adorne con mostaza si lo desea.

Filete de ternera con salsa de champiñones

(Listo en unas 8 horas | 12 dosis)

Ingredientes

- *2 cebollas medianas, peladas y en rodajas*
- *2 libras de bistec redondo de res, sin hueso*
- *3 tazas de champiñones rebanados*
- *1 taza de nabos, en rodajas*
- *1 frasco de 12 onzas de salsa de carne*
- *1 bolsa (1 onza) de salsa de champiñones secos*

Indicaciones

1. *Pon la cebolla en el fondo de la olla.*

2. De un filete de res redondo, corte la grasa; luego corta la carne en ocho pedazos.

3. Ponga la carne sobre las cebollas, luego sobre los champiñones. Cubra con nabo en rodajas.

4. Mezclar la salsa de carne y la salsa de champiñones.

5. Agregue esta mezcla de salsa a la olla; tape y cocine a fuego lento durante 8 horas. Sirva con puré de papas si lo desea.

Cerdo jugoso con compota de manzana

(Listo en aproximadamente 6 horas | 8 porciones)

Ingredientes

- 1/4 taza de azúcar moreno claro
- 1/4 taza de mostaza Dijon
- 1/2 cucharadita de pimienta negra molida
- 4 libras de lomo de cerdo sin grasa
- 1/2 taza de vino tinto seco
- 4 tazas de puré de manzana, sin azúcar
- 1/2 taza de chalotes, picados

Indicaciones

1. *En un tazón pequeño o una taza medidora, combine el azúcar, la mostaza y la pimienta negra. Revuelva bien para combinar.*

2. *Frote la mezcla de mostaza en los lomos de cerdo.*

3. *Ponga el lomo en la olla; agregue vino tinto, puré de manzana y chalotes; cubra con una tapa.*

4. *Cocine a fuego lento durante 6 horas. Servir con un poco de mostaza.*

jamón con piña

(Listo en aproximadamente 6 horas | 6 porciones)

Ingredientes

- *2 libras de bistec de jamón*
- *1 libra de pepitas de piña enlatadas escurridas, reservando 2 cucharadas de jugo.*
- *1 taza de puerro picado*
- *2 dientes de ajo, picados*
- *3 papas grandes, cortadas en cubitos*
- *1/2 taza de mermelada de naranja*
- *1/4 cucharadita de pimentón*
- *1/4 cucharadita de pimienta negra molida*
- *1/2 cucharadita de albahaca seca*

Indicaciones

1. *Cortar el jamón en trozos del tamaño de un bocado. Transferir a la olla.*

2. *Agrega el resto de los ingredientes; mezclar para combinar.*

3. *Tape y cocine a fuego lento durante 6 horas.*

Cerdo asado con arándanos y batatas

(Listo en aproximadamente 6 horas | 6 porciones)

Ingredientes
- 3 libras de lomo de cerdo asado
- 2 tazas de arándanos enlatados
- 1 cebolla mediana, pelada y cortada en cubitos
- 1/2 taza de jugo de naranja
- 2 cucharadas de vinagre de sidra de manzana
- 1/2 cucharadita de cinco especias en polvo
- Sal marina al gusto
- 1/2 cucharadita de pimienta negra molida

•3 camotes grandes, pelados y cortados en cuartos

Indicaciones

1. Coloque el cerdo en la olla.

2. En una taza medidora, mezcle los arándanos, la cebolla, el jugo de naranja, el vinagre de sidra de manzana, las cinco especias en polvo, la sal y la pimienta negra; mezclar para combinar.

3. Vierta la mezcla de arándanos sobre el cerdo asado en la olla. Acomode las papas alrededor del cerdo.

4. Tape y cocine a fuego lento durante unas 6 horas.

5. ¡Transfiera a un plato para servir y disfrute de su comida!

Salchichas con chucrut y cerveza

(Hecho en aproximadamente 3 horas y 30 minutos | 8 porciones)

Ingredientes

- 8 salchichas hervidas
- 2 cebollas grandes, en rodajas
- 2 libras de chucrut, enjuagado y escurrido
- 1 botella de cerveza de 12 onzas

Indicaciones

1. Ponga las salchichas y las cebollas en la olla. Cocine a máxima potencia durante 30 minutos.
2. Agrega el chucrut y la cerveza; tape y cocine a fuego lento durante 3 horas.

3. *Sirva con mostaza si lo desea.*

Filetes de cerdo en salsa de ciruelas

(Listo en aproximadamente 6 horas | 6 porciones)

Ingredientes
- *12 ciruelas sin hueso*
- *3 libras de bistec de cerdo deshuesado*
- *4 manzanas medianas, sin corazón y en cuartos*
- *3/4 taza de jugo de manzana*
- *3/4 taza de crema espesa*
- *1 cucharadita de sal marina*
- *1/4 cucharadita de pimienta recién molida*
- *1 cucharada de mantequilla*

Indicaciones

1. *Agregue todos los ingredientes a la olla. Tape y cocine a fuego lento durante 6 horas o hasta que la carne se desprenda fácilmente.*

2. *Servir sobre puré de patatas.*

Cerdo Asado Picante Con Verduras

(Listo en aproximadamente 6 horas | 4 porciones)

Ingredientes
- 1 cucharada de aceite de colza
- 1 cebolla grande, en rodajas
- 1 tallo de apio, picado
- 1 zanahoria grande, pelada y finamente picada
- 1 chile jalapeño, picado y picado
- 1 cucharadita de ajo en polvo
- Sal al gusto
- 1/2 cucharadita de cinco especias en polvo
- 1/4 cucharadita de pimienta negra recién molida
- 1/2 cucharadita de orégano seco

- 1/2 cucharadita de albahaca seca
- 1 lomo de cerdo (3 libras) o cabeza asada
- 1 taza de caldo de verduras

Indicaciones

1. Agregue el aceite de colza a la sartén de hierro fundido. Caliente el aceite de canola a fuego medio, luego agregue las verduras. Saltee las verduras hasta que estén tiernas o unos 15 minutos.

2. En un tazón, mezcle el ajo en polvo, la sal, las cinco especias en polvo, la pimienta negra, el orégano y la albahaca; revuelva para mezclar.

3. Frote esta mezcla de especias en la carne. Agregue el cerdo asado a la

olla; verter el caldo de verduras. Tape y cocine a fuego lento durante 6 horas.

4.*Picar el cerdo con dos tenedores. Vierta la salsa sobre el cerdo y sirva caliente.*

Costillas de cerdo en salsa de jengibre

(Listo en aproximadamente 8 horas | 6 porciones)

Ingredientes

- *4 libras de cerdo de campo*
- *1 taza de salsa de tomate*
- *2 cucharadas de vinagre de arroz*
- *2 cucharadas de salsa tamari*
- *1/4 cucharadita de pimienta de Jamaica*
- *1 cebolla grande, pelada y cortada en cubitos*
- *1 diente de ajo, pelado y picado*
- *2 cucharaditas de jengibre rallado*
- *1/4 cucharadita de hojuelas de pimiento rojo picado*

Indicaciones

1. *Cortar las costillas de cerdo en porciones del tamaño de una porción.*

2. *Cocine las costillas durante 5 minutos por cada lado o hasta que estén fragantes y doradas.*

3. *Preparación de la salsa: Mezclar en una olla el kétchup, el vinagre de arroz, la salsa tamari, la pimienta de Jamaica, la cebolla, el ajo, el jengibre y la guindilla.*

4. *Coloque las costillas de cerdo en la olla, cubriendo las costillas con la salsa.*

5. *Tape y cocine a fuego lento durante 8 horas hasta que las costillas estén tiernas.*

Cerdo Asado A La Cerveza

(Listo en aproximadamente 6 horas | 4 porciones)

Ingredientes

- *1 lomo de cerdo mediano*
- *2 cebollas dulces, peladas y rebanadas*
- *4 papas grandes, cortadas en cuartos*
- *2 tazas de zanahorias*
- *1 bolsa de mezcla de sopa de cebolla seca*
- *1 botella de cerveza de 12 onzas*
- *5-6 granos de pimienta*

Indicaciones

1. Coloque el lomo de cerdo en la olla. Coloque las cebollas, las papas y las zanahorias alrededor de la carne.

2. Espolvorear con la mezcla de sopa. Vierta la cerveza; luego agregue los granos de pimienta.

3. Tape y cocine a fuego lento durante 6 horas. Dividir en cuatro platos y servir caliente.

Sopa De Pollo Picante

(Hecho en aproximadamente 8 horas | 8 porciones)

Ingredientes

- *1 litro de caldo de pollo*
- *1 libra de pechuga de pollo, deshuesada y sin piel, cortada en cubitos*
- *3 tazas de maíz entero*
- *1/2 taza de cebolla picada, finamente picada*
- *2 dientes de ajo, picados*
- *1 pimiento verde, en rodajas finas*
- *1 cucharadita de chiles jalapeños picados*
- *1/2 cucharadita de hojas de tomillo seco*

- *1 cucharadita de romero seco*
- *Sal al gusto*
- *1/4 cucharadita de pimienta negra, molida*
- *1 taza de leche desnatada al 2%*
- *2 cucharadas de harina de maíz*

Indicaciones

1. *Combine todos los ingredientes, excepto la leche y la maicena, en una olla de barro; cubra y cocine por unas 8 horas.*

2. *Suba el fuego, agregue la leche y la harina de maíz y cocine por otros 5 minutos, revolviendo constantemente.*

3. *Combina los ingredientes y sirve con tus picatostes de ajo favoritos.*

Sopa De Pollo Caliente Con Espinacas

(Hecho en aproximadamente 5 horas | 4 porciones)

Ingredientes

- 1 taza de caldo de pollo
- 1 ½ tazas de tomates enlatados, cortados en cubitos
- 1 ½ taza de garbanzos, enjuagados y escurridos
- 12 onzas de pechuga de pollo, deshuesada, sin piel y cortada en cubitos
- 1 cebolla dulce mediana, picada
- 2 batatas, cortadas en cubitos
- 2 tazas de espinacas empacadas
- Sal al gusto
- 1/4 cucharadita de pimienta negra

- 1/2 cucharadita de chile en polvo

Indicaciones

1. Combine todos los ingredientes, excepto la espinaca, en una olla de barro; tape y cocine a fuego fuerte durante unas 5 horas,

2. Agrega las espinacas; ajustar las especias.

3. Dividir en tazones y servir.

Sopa De Camarones Con Aguacate

(Hecho en aproximadamente 5 horas | 4 porciones)

Ingredientes
- 2 vasos de agua
- 1 bolsa de mezcla de sopa de cebolla seca
- 1 cebolla roja, picada
- 1 tomate datterino picado
- 3/4 cucharadita de polvo de cinco especias
- 1/8 cucharadita de semillas de apio
- 1/2 taza de arroz de grano largo
- 1 1/2 tazas de camarones, pelados y cortados a la mitad
- 1 aguacate, cortado en cubitos
- Zumo de 1 lima fresca

- *Sal al gusto*
- *1/2 cucharadita de pimentón*
- *1/2 cucharadita de pimienta negra molida*

Indicaciones

1. *En una olla, mezcle el agua, la sopa de cebolla, la cebolla, el tomate, el polvo de cinco especias y las semillas de apio; tape y cocine a máxima potencia durante 5 horas.*

2. *Agregue el arroz de grano largo en las últimas 2 horas de cocción; agregue los camarones en los últimos 20 minutos.*

3. *Incluye el resto de los ingredientes. Vierta la sopa en tazones y sirva caliente.*

Mezcla de fiesta de curry

(Hecho en aproximadamente 2 horas y 30 minutos | 24 porciones)

Ingredientes

- 1 taza de nueces
- 1 taza de almendras
- 1 taza de maní
- 1 taza de semillas de girasol sin cáscara
- 4 cucharadas de margarina derretida
- 2 cucharadas de azúcar
- 1 cucharada de curry en polvo
- 1 cucharadita de ajo en polvo
- 1 cucharadita de pimienta de Jamaica molida

Indicaciones

1. *Ponga la olla al máximo durante 15 minutos; agregue nueces y semillas.*

2. *Rocíe con margarina y mezcle;*

3. *Agregue el resto de los ingredientes combinados. Tape y cocine a fuego lento durante unas 2 horas; revuelva cada 20 minutos.*

4. *Enciende el fuego al máximo; quite la tapa y cocine por otros 30 minutos, revolviendo después de 15 minutos.*

5. Puede almacenar este refrigerio en un recipiente sellado hasta por 3 semanas.

Nueces de soya sazonadas y semillas de calabaza

(Hecho en aproximadamente 2 horas y 30 minutos | 24 porciones)

Ingredientes

- *4 cucharadas de mantequilla, derretida*
- *5 tazas de nueces de soya tostadas*
- *1 taza de semillas de calabaza peladas*
- *2 cucharadas de azúcar*
- *1 cucharada de cúrcuma en polvo*
- *1 cucharada de albahaca*
- *1 cucharadita de hojuelas de pimiento rojo*
- *Sal marina al gusto*

Indicaciones

1. *Calentar la cazuela de barro a máxima potencia durante 15 minutos.*

2. *Espolvorea mantequilla sobre las nueces de soya y las semillas de calabaza; verter en el abrigo.*

3. *Espolvorea con los ingredientes combinados restantes, tapa y cocina a fuego lento durante 2 horas, revolviendo cada 15 minutos.*

4. *Luego aumente el calor al máximo; destape y cocine por 30 minutos, revolviendo después de 15 minutos.*

Mezcla de colores crujientes

(Listo en aproximadamente 2 horas | 10 porciones)

Ingredientes
- 1/2 taza de maní tostado
- 1 taza de palitos de sésamo
- 3 tazas de cubitos de cereal de arroz
- 1/2 taza de guisantes wasabi
- 2 cucharadas de mantequilla derretida
- 1 cucharada de salsa de soya
- 1 cucharadita de paprika
- 1 cucharada de curry en polvo
- El azúcar es suficiente
- Sal marina al gusto

Indicaciones

1. Caliente la olla a temperatura alta durante 15 minutos; agregue maní, sésamo, hojuelas de arroz y guisantes wasabi.

2. Sazone la mezcla con la mantequilla combinada y la salsa de soya y mezcle.

3. Luego espolvorear la mezcla con pimentón, curry, azúcar y sal; Reanudar.

4. Cocine a velocidad alta durante 1 ½ horas, revolviendo cada 30 minutos. Servir caliente oa temperatura ambiente.

Salsa para mojar al estilo indio

(Listo en aproximadamente 2 horas | 10 porciones)

Ingredientes
- 1 libra de queso crema
- 2 tazas de queso picante, rallado
- 2-3 dientes de ajo picados
- 1/2 taza de chutney de mango picado, cantidad dividida
- 1/3 taza de cebolla dulce, finamente picada
- 1/4 taza de sultanas
- 1-2 cucharaditas de curry en polvo
- Apégate a las verduras como guarnición

Indicaciones

1. Ponga el queso crema y el queso picante en la olla; cubra y cocine por unos 30 minutos.

2. Luego agregue el resto de los ingredientes, excepto los palitos de vegetales; tape y cocine de 1 a 1 ½ horas.

3. ¡Sirva con su palito vegetariano favorito y disfrute de su comida!

Salsa de alcachofa favorita

(Hecho en aproximadamente 1 hora y 30 minutos | 16 porciones)

Ingredientes

- 1/2 taza de queso crema a temperatura ambiente
- 1/2 taza de queso picante, rallado
- 2 tazas de corazones de alcachofa enlatados, escurridos y picados
- 1/2 taza de mayonesa
- 1 cucharadita de jugo de limón
- 1-2 cebollas verdes, en rodajas
- 1/2 cucharadita de sal marina
- 1 cucharadita de pimienta de cayena
- Cucharones: palitos de pan

Indicaciones

1. *Derretir el queso en una cazuela de barro durante unos 30 minutos.*

2. *Mezcle los ingredientes restantes, excepto el cucharón; tape y cocine de 1 a 1 ½ horas.*

3. *¡Sirva con cucharones como palitos de pan y disfrute de su comida!*

Salsa de espinacas y alcachofas

(Hecho en aproximadamente 1 hora y 30 minutos | 16 porciones)

Ingredientes

- 1/2 taza de Pecorino Romano, rallado
- 1/2 taza de queso crema a temperatura ambiente
- 1/2 taza de camarones picados
- 2 tazas de corazones de alcachofa enlatados, escurridos y picados
- 1/4 taza de pimiento rojo asado, picado
- 1/2 taza de crema agria
- 2 cucharadas de mayonesa
- 1 cucharadita de jugo de limón
- 1/2 taza de chalotes, en rodajas
- 1/2 cucharadita de sal marina

•1 cucharadita de pimienta de cayena

•Cucharones: galletas

Indicaciones

1. Ponga el queso en la olla y cocine por unos 30 minutos.

2. Luego agregue el resto de los ingredientes, excepto las galletas saladas; cocinar durante aproximadamente 1 hora.

3. Servir con galletas saladas.

Salsa De Queso A La Pimienta

(Listo en aproximadamente 2 horas | 10 porciones)

Ingredientes
- 1 taza de queso crema
- 1/2 taza de chalotes, picados
- 1 ½ tazas de queso suizo, rallado
- 1/2 taza de pimentón picado
- 1 cucharadita de mostaza
- 1/4 cucharadita de pimentón
- 3/4 taza de leche entera
- Cebollín fresco picado para decorar
- Cucharones: palitos de pan

Indicaciones
1. Ponga los quesos en una olla de barro y cocine por unos 30 minutos.

2. *Agregue los ingredientes restantes excepto las cebolletas y el cucharón.*

3. *Tape y cocine durante aproximadamente una hora y media. Espolvorear con cebollino picado y servir con palitos de pan.*

Mezcla de cereales con frutos secos

(Listo en unas 3 horas | 12 dosis)

Ingredientes

- 5 tazas de hojuelas de maíz
- 4 tazas de hojuelas de arroz
- 2 tazas de pretzels
- 1 taza de cereal de tu elección?
- 1 taza de maní
- 1/3 taza de mantequilla derretida
- Una pizca de pimienta negra
- 1 cucharadita de ajo en polvo
- 1/2 cucharadita de pimienta de Jamaica
- 1 cucharada de sal aromatizada
- 1/4 taza de salsa Worcestershire

Indicaciones

1. Coloque las hojuelas de maíz, las hojuelas de arroz, los pretzels, los cereales para el desayuno y los cacahuetes en una olla.

2. Para hacer la salsa: en un tazón mediano o una taza medidora, combine los ingredientes restantes. Revuelva bien para combinar.

3. Vierta la salsa sobre la mezcla de cereales y nueces. Rueda para conectar.

4. Cubrir con una tapa; cocine a fuego lento durante 3 horas, revolviendo cada 1 hora. Puede almacenar este

excelente refrigerio en un recipiente hermético hasta por 3 semanas.

Taquitos Crujientes con Pollo

(Hecho en aproximadamente 8 horas 15 minutos | 8 porciones)

Ingredientes
- 1 ½ tazas de queso crema
- 1/2 taza de agua
- 4 pechugas de pollo medianas
- 3 jalapeños, picados en trozos grandes
- 1/2 cucharadita de cebolla en polvo
- 1/2 cucharadita de ajo en polvo
- 1 cucharadita de sal
- 16 tortillas de harina del tamaño de un taco
- 1 1/2 tazas de queso Monterey Jack, picado
- 1/2 taza de queso mixto mexicano

·La diosa verde se viste al gusto

Indicaciones

1. Agregue el queso crema, el agua, el pollo, los jalapeños, la cebolla en polvo, el ajo en polvo y la sal a la olla. Tape y cocine a fuego lento durante 8 horas.

2. Mientras tanto, precaliente el horno a 425 grados F; engrase la bandeja para hornear con aceite en aerosol antiadherente.

3. Cortar el pollo cocido en tiras con garras o dos tenedores. Retirar en la olla. Revuelve para combinar.

4. Luego calienta las tortillas de harina en el microondas para ablandarlas.

5. Pon queso en cada tortilla. Cubra con 3 cucharadas de la mezcla de pollo.

6. Estirar las tortillas rellenas en taquitos en forma de tronco. Hornea los taquitos en el horno precalentado por 15 minutos. ¡Sirva con aderezo de diosa verde y disfrute de su comida!

Cóctel para mamá

(Listo en unas 3 horas | 12 dosis)

Ingredientes
- 9 tazas de hojuelas de arroz
- 1 taza de almendras
- 1 taza de piñones
- 1 taza de maní
- 1/3 taza de margarina, derretida
- Pimienta de cayena, al gusto
- Pimienta negra al gusto
- 1/2 cucharadita de cebolla en polvo
- 1/2 cucharadita de ajo en polvo
- 1/2 cucharadita de nuez moscada rallada
- 1 cucharada de sal aromatizada

- *1/4 taza de salsa Worcestershire*
- *2 cucharadas de salsa tamari*

Indicaciones

1. *En una cazuela de barro echamos las hojuelas de arroz, las almendras, los piñones y los cacahuetes.*

2. *Para hacer la salsa, mezcla el resto de los ingredientes en un bol. Batir bien para combinar.*

3. *Vierta la salsa sobre la mezcla en la olla. Mezclar bien.*

4. *Luego cocine durante 3 horas a fuego lento, revolviendo cada 1 hora. Almacenar en un lugar fresco y seco hasta por 3 semanas.*

Anacardos y nueces confitadas

(Listo en aproximadamente 3 horas | 10 porciones)

Ingredientes
- 2 tazas de anacardos
- 2 tazas de nueces
- 1 ½ tazas de azúcar
- 1 cucharada de canela molida
- 1 clara de huevo
- 1 cucharadita de extracto puro de almendras
- 1/4 taza de agua

Indicaciones

1. Coloque los anacardos y las nueces en una olla preparada con aceite en aerosol antiadherente.

2. Mezclar el azúcar y la canela en un bol. Espolvorear con nueces.

3. En otro bol, bate las claras de huevo con el extracto de almendras hasta que quede esponjoso.

4. Cocine tapado durante 3 horas a fuego lento, revolviendo cada 15-20 minutos. Vierta agua en la olla durante los últimos 20 minutos.

5. Extienda las nueces confitadas sobre papel de horno para que se enfríen durante 20 minutos.

www.ingramcontent.com/pod-product-compliance
Lightning Source LLC
Chambersburg PA
CBHW050344120526
44590CB00015B/1557